Celebrating the Birthday of

_____

_____

_____

Name............................

Name..........................

Name...........................

Name............................

Name..........................

Name..........................

Name.........................

Name...........................

Name...........................

Name..........................

Name...........................

Name........................

Name.........................

Name..........................

Name.........................

Name...........................

Name..........................

Name..........................

Name.........................

Name...........................

Name..........................

22

Name..........................

Name........................

Name..........................

Name............................

Name............................

Name.........................

Name..........................

Name............................

Name...........................

Name...........................

Name.........................

Name..........................

Name...........................

Name...........................

Name..........................

Name..........................

Name............................

Name........................

Name........................

Name.........................

Name..........................

Name...........................

Name..........................

Name........................

Name...........................

Name..........................

Name.........................

Name........................

Name........................

Name...........................

Name..........................

Name.........................

Name..........................

Name........................

Name...........................

Name...........................

Name..........................

Name........................

Name..........................

Name.........................

Name........................

Name............................

Name.........................

Name...........................

Name...........................

Name...........................

Name.........................

Name...........................

Name............................

Name...........................

Name........................

Name.........................

Name..........................

Name...........................

Name..........................

Name........................

Name.........................

Name...........................

Name..........................

Name............................

Name...........................

Name...........................

Name..........................

Name...........................

Name..............................

Name..........................

Name.........................

Name...........................

Name...........................

Name..........................

Name...........................

Name..........................

Name..........................

Name..........................

Name.........................

Name..........................

Name............................

Name...........................

Name..........................

Name........................

Name...........................

Name.........................

Name..........................

Name............................

Name...........................

Name..........................

Name.............................

Name...........................

Made in the USA
Monee, IL
19 April 2024

57216471R00063